Demandez à ChatGpt tout ce que vous voulez : le guide complet pour réussir dans le commerce en ligne

RÉSUMÉ

- **INTRODUCTION**

  - Qu'est-ce que Chatgpt ?
  - Qu'est-ce qu'une invite pour ChatGPT ?
  - Types d'invites utilisées dans ce livre
  - Autres types d'invites pour ChatGPT
  - Demander à ChatGPT

- **INVITATIONS**

  - Invitations générales pour les entreprises

  - Étudier et rechercher des concurrents
  - Création d'un plan d'affaires
  - Rédiger des propositions pour les clients
  - Vision de l'entreprise
  - Générer des idées commerciales
  - Présentations efficaces pour d'éventuels investisseurs
  - Recrutement et leadership
  - Rédaction de rapports

- ✓ **Site web et commerce électronique**

  - ✓ Examens de produits d'affiliation
  - ✓ Rédaction d'un article publicitaire
  - ✓ Optimiser votre site pour le référencement
  - ✓ Créer des témoignages de clients
  - ✓ Traduire le texte d'un site web dans différentes langues
  - ✓ Concevoir des CTA

- ✓ **Marketing d'affiliation**

  - ✓ Rédiger des commentaires sur les produits d'affiliation
  - ✓ Création de tableaux comparatifs de produits d'affiliation
  - ✓ Générer des recommandations de produits d'affiliation
  - ✓ Rédaction de descriptions de produits d'affiliation
  - ✓ Rédaction d'e-mails pour promouvoir les produits affiliés

- ✓ **Marketing sur Facebook**

  - ✓ Création de textes publicitaires efficaces
  - ✓ Générer des idées de contenu créatif
  - ✓ Rédiger des titres pour les publicités Facebook
  - ✓ Scripts pour les vidéos Facebook
  - ✓ Créer des images accrocheuses
  - ✓ Test A/B pour la conversion
  - ✓ Recherche des forces et faiblesses de votre client idéal
  - ✓ Remue-méninges pour trouver de nouvelles approches créatives

- ✓ **Conclusion**

- ✓ **BONUS spécial**

- ✓ **Derniers conseils**

INTRODUCTION

Qu'est-ce que ChatGPT ?

ChatGPT est un modèle d'intelligence artificielle basé sur le langage naturel développé par OpenAI. Il utilise une architecture d'apprentissage profond appelée GPT (Generative Pre-trained Transformer) pour générer des réponses basées sur des invites fournies par les utilisateurs.

Ce modèle a été entraîné sur un vaste corpus de textes préexistants, englobant un large éventail de sujets et de genres de textes. Pendant l'entraînement, ChatGPT apprend à comprendre le contexte et à générer des réponses cohérentes et pertinentes.

ChatGPT exploite un mécanisme appelé "transformation" (Transformer) pour analyser le texte d'entrée et générer des réponses. Cette approche permet au modèle de comprendre des relations sémantiques complexes et de produire des textes de haute qualité.

Cependant, il est important de garder à l'esprit que ChatGPT est un modèle statistique et qu'il peut générer des réponses qui ne sont pas toujours exactes ou pertinentes. La précision des réponses peut varier en fonction de la qualité de l'invite, de l'entraînement du modèle et de la complexité du sujet.

Utilisez les conseils suivants pour accélérer considérablement votre compréhension de cet outil étonnant :

1. Familiarisez-vous avec la plateforme : Commencez par explorer ChatGPT et ses fonctionnalités. Familiarisez-vous avec le fonctionnement de la plateforme, ce qu'elle peut faire et comment elle peut vous aider dans votre activité.
2. Définissez vos objectifs : Déterminez ce que vous voulez réaliser avec ChatGPT. Voulez-vous générer des idées pour un nouveau produit ou service ? Voulez-vous améliorer votre texte de marketing ? Avez-vous besoin d'aide pour votre service clientèle ? Connaître vos objectifs vous aidera à concentrer vos efforts et à tirer le meilleur parti de la plateforme.
3. Entraînez-vous à générer des réponses : Passez du temps à générer des réponses en utilisant différentes invites et entrées. Plus vous vous entraînerez, plus vous

parviendrez à créer des messages-guides efficaces et à obtenir des réponses pertinentes.
4. Affinez vos signaux : au fur et à mesure que vous générez des réponses, analysez-les attentivement et recherchez les points à améliorer. Utilisez ces informations pour affiner vos messages-guides et obtenir de meilleurs résultats au fil du temps.
5. Apprenez de vos erreurs : Rappelez-vous que ChatGPT n'est pas parfait et qu'il peut générer des réponses non pertinentes ou dénuées de sens. Utilisez ces erreurs comme des opportunités d'apprentissage pour améliorer vos indications et obtenir des résultats plus précis.
6. Utilisez ChatGPT comme un outil, pas comme un substitut : Rappelez-vous que ChatGPT est un outil qui complète vos connaissances et vos compétences. Utilisez-le pour générer des idées, fournir des informations et éclairer vos décisions, mais ne dépendez pas entièrement de lui.
7. Tenez-vous au courant des nouvelles fonctionnalités et des mises à jour :

ChatGPT est en constante évolution, avec de nouvelles fonctionnalités et des mises à jour régulières. Restez au courant de ces changements pour tirer le meilleur parti de la plateforme et de son potentiel.

✓ Qu'est-ce qu'une invite ChatGPT ?

Une invite dans ChatGPT est une entrée textuelle ou une question qui est fournie au modèle pour une réponse. Il s'agit d'une brève instruction ou d'une description du contexte que vous souhaitez fournir au système. L'objectif est de formuler une invite claire et spécifique, afin que le modèle comprenne exactement ce qui est demandé et soit capable de générer une réponse cohérente. Par exemple, une question pourrait être : "Quels sont les avantages du marketing numérique pour les petites entreprises ?" ou "Expliquez le processus d'optimisation des moteurs de recherche". L'invite joue un rôle crucial en garantissant des réponses pertinentes et efficaces de la part de ChatGPT. En général, on peut distinguer deux types d'invites : l'invite à compléter et l'invite à répondre..

Types d'invites utilisées dans ce livre

1. Invitations ouvertes : les invitations ouvertes sont formulées de manière à susciter un large éventail de réponses et d'idées de la part de ChatGPT. Lorsque vous utilisez des questions ouvertes, il est conseillé d'être aussi général que possible, en évitant les termes spécifiques ou le jargon qui pourraient limiter les réponses que vous recevrez. Exemple : "Quelles sont les idées innovantes pour améliorer l'interaction avec les clients dans mon secteur d'activité ?

2. Invitations à compléter : Les invitations à compléter fournissent une structure qui permet à ChatGPT de générer des réponses spécifiques à vos besoins. Lors de l'utilisation d'invites de complétion, il est conseillé d'être aussi précis que possible, en fournissant des détails clairs

sur les informations que vous souhaitez recevoir.
Exemple : "Je souhaite créer un e-mail de vente axé sur **[insérer le nom du produit]**. Quels sont les principaux arguments de vente que je devrais inclure ?"

En utilisant ces deux combinaisons d'invites (qui sont déjà prêtes pour vous), vous pouvez générer un large éventail de réponses pour répondre à vos besoins. N'oubliez pas d'analyser soigneusement ces réponses, en affinant vos messages-guides et vos demandes au fil du temps, afin d'obtenir des résultats plus précis et de meilleure qualité. Avec de la pratique, vous pouvez utiliser ChatGPT pour obtenir des informations et des idées étonnantes qui vous aideront à atteindre vos objectifs.

- ✓ **Alt Autres types d'invites pour ChatGPT**

Il existe différents types d'invites qui peuvent être utilisés avec ChatGPT. En voici quelques exemples :

1. Invitation avec des blancs : ce type d'invitation vous permet d'insérer des informations spécifiques dans une phrase ou une question. Par exemple, "Mon entreprise propose **[produit/service]** pour aider les clients à **[atteindre un objectif/bénéfice]**".

2. Invitation oui/non : ce type d'invitation demande à ChatGPT de répondre par un simple "oui" ou "non". Par exemple, "Pensez-vous que **[industrie/niche]** devient populaire ?" ou "Avez-vous déjà utilisé **[produit/service]** ?"

3. Invitation à classer : ce type d'invitation demande à ChatGPT de classer un ensemble d'éléments en fonction de leur préférence ou de leur importance. Par exemple, "Classez ces **[produits/services]** du plus populaire au moins populaire" ou "Quel est le **[produit/service]** qui, selon vous, a le plus de valeur pour les clients ?"

4. Invitation à un scénario : ce type d'invitation demande à ChatGPT de fournir une réponse basée sur un

scénario ou une situation spécifique. Par exemple, "Que feriez-vous si un client se plaignait de **[problème]** ?" ou "Comment géreriez-vous une situation où **[problème]** se produit ?".

5. Questions comparatives : Ce type d'invite demande à ChatGPT de comparer ou d'opposer deux ou plusieurs éléments. Par exemple, "Quelles sont les différences entre **[produit A]** et **[produit B]** ?" ou "Quelle **[stratégie de marketing]** est la plus efficace selon vous ?".

6. Invitation à la prédiction : ce type d'invitation demande à ChatGPT de faire une prédiction ou une prévision à propos d'un événement ou d'une tendance à venir. Par exemple, "Quelle sera, selon vous, la principale **[tendance/problème]** dans le **[secteur/niche]** au cours des 5 prochaines années ?" ou "Comment pensez-vous que **[produit/service]** se comportera sur le marché l'année prochaine ?".

2. Invitation à expliquer : ce type

d'invitation demande à ChatGPT d'expliquer un concept ou un processus. Par exemple, "Pouvez-vous expliquer le **[terme technique]** en termes simples ?" ou "Comment fonctionne **[produit/service]** ?"

3. Invitation à exprimer une opinion : ce type d'invitation demande au ChatGPT d'exprimer une opinion ou un point de vue sur un sujet. Par exemple, "Quelle est votre opinion sur **[sujet controversé]** ?" ou "Pensez-vous que **[nouvelle tendance/technologie]** va s'imposer sur le marché ?".

4. Invitation à donner des instructions : Ce type d'invite demande à ChatGPT de fournir des instructions ou des directives sur une tâche ou un processus spécifique. Par exemple, "Comment dois-je **[effectuer une tâche spécifique]** ?" ou "Quelles sont les étapes pour **[compléter un processus spécifique]** ?".

5. Invitation à donner son avis : ce type d'invitation demande à ChatGPT de donner son avis ou ses suggestions sur un produit, un service ou une idée. Par

exemple, "Quel est votre avis sur mon **[site web/campagne de marketing]** ?" ou "Avez-vous des suggestions pour améliorer **[produit/service]** ?".

6. Invitation à l'empathie : ce type d'invitation demande à ChatGPT de faire preuve d'empathie ou de compréhension à l'égard d'un client ou d'un utilisateur. Par exemple, "J'ai des difficultés avec **[problème]**, pouvez-vous m'aider ?" ou "Je ressens **[émotion]**, que puis-je faire pour me sentir mieux ?".

✓ **Demandez à ChatGPT**

Pour en savoir plus, demandez à ChatGPT :
1. "Qu'est-ce que ChatGPT et comment fonctionne-t-il ?
2. "Comment ChatGPT génère-t-il des réponses à mes questions ?"
3. Quelles données d'entraînement ChatGPT utilise-t-il pour générer des réponses ?
4. "Comment ChatGPT apprend-il de mes données et améliore-t-il ses réponses au

fil du temps ?
5. "Quelles sont les meilleures pratiques pour utiliser ChatGPT de manière efficace ?
6. "Quelle est la précision des réponses générées par ChatGPT et quels sont les facteurs qui peuvent influencer cette précision ?
7. "ChatGPT peut-il comprendre le langage naturel et comment l'interprète-t-il ?
8. 8) Quelles sont les limites de ChatGPT et quels sont les types de données qui ne fonctionnent pas bien ?
9. Comment puis-je évaluer la qualité des réponses générées par ChatGPT ?
10. "Existe-t-il des conseils ou des astuces qui peuvent m'aider à obtenir de meilleurs résultats lorsque j'utilise ChatGPT ?"

En posant ce type de questions, vous pouvez mieux comprendre le fonctionnement de ChatGPT, ce qu'il peut faire et comment l'utiliser plus efficacement. Vous pouvez utiliser ces informations pour créer des messages-guides plus efficaces, affiner votre saisie et générer des réponses plus précises et plus perspicaces au fil du temps.

PROMPTS

Suggestions générales pour les entreprises

✓ Étude et recherche sur les concurrents

Promesses d'achèvement :

1. Voici les noms de mes principaux concurrents dans le **[secteur]** : **[concurrent 1]**, [concurrent 2] et **[concurrent 3]**. Faites une analyse de leurs forces, de leurs faiblesses et de leur position sur le marché.
2. Voici une liste des principaux produits ou services proposés par mes principaux concurrents. **[Produit 1]** de **[Entreprise 1]**, **[Produit 2]** de **[Entreprise 2]**. Analysez leurs prix, leurs caractéristiques et leurs stratégies de marketing afin d'obtenir une vision approfondie de leur position concurrentielle.
3. Fournir une liste des canaux de commercialisation utilisés par mes principaux concurrents. Analyser leur message, leur ciblage et leurs stratégies d'engagement des clients afin d'identifier les domaines à améliorer et

d'acquérir un avantage concurrentiel.

Questions ouvertes :

1. "Qui sont mes principaux concurrents dans le **[secteur/niche]** et comment se comparent-ils à **[mon entreprise/produit]** ?
2. "Quelles sont les forces et les faiblesses de mes concurrents et comment puis-je utiliser ces informations pour obtenir un avantage concurrentiel ?
3. "Quels types de **[produits/services] mes** concurrents proposent-ils et comment se comparent-ils à **[mon entreprise/produit]** ?"
4. "Quel type de **[stratégies de tarification]** mes concurrents utilisent-ils et comment se comparent-ils à **[mon entreprise/produit]** ?"
5. "Quels types de **[stratégies de marketing]** mes concurrents utilisent-ils et quelle est leur efficacité pour **[générer des clients potentiels/attirer des clients]** ?"
6. "Quel type de **contenu** mes concurrents publient-ils et comment puis-je créer un

meilleur contenu pour les concurrencer ?
7. "Quel est le type de **[présence sur les médias sociaux]** de mes concurrents et comment puis-je tirer parti des médias sociaux pour les concurrencer ?
8. "Quel type de **[service/support à la clientèle] mes** concurrents offrent-ils et comment puis-je améliorer mon service/support à la clientèle pour les concurrencer ?"
9. "Quelles sont les **stratégies de référencement** utilisées par mes concurrents et comment puis-je améliorer mon référencement pour rivaliser avec eux ?
10. "Quels types de **[partenariats/collaborations]** mes concurrents entretiennent-ils et comment puis-je établir des relations similaires afin d'acquérir un avantage concurrentiel ?"

✓ Création d'un plan d'entreprise

Promesses d'achèvement :

1. Rédigez un plan d'entreprise pour mon entreprise appelée **[nom de l'entreprise]** qui vend **[produit]** à **[niche]** et vise **[objectifs]**.
2. Rédigez un plan d'affaires pour mon entreprise appelée **[nom de l'entreprise]** qui vend **[produit]** à **[niche]** et vise **[objectifs]**. Incluez un résumé, des calculs financiers des coûts, des ventes et des bénéfices prévus, ainsi que la mission et la vision de l'entreprise. Utilisez un ton formel et des données statistiques.
3. Je veux atteindre **[objectif]** avec mon entreprise et j'ai besoin d'objectifs de performance pour mon équipe. Veuillez rédiger un aperçu des objectifs trimestriels et des rôles responsables de chaque objectif.
4. Dresser une liste d'objectifs spécifiques, mesurables et réalisables pour

[l'entreprise ou le projet] en utilisant le cadre OKR.
5. Transformez cette vision en un objectif SMART : [insérer la vision]. Inclure les résultats et les produits les plus importants.

Questions ouvertes :

1. "Quelle est mon idée commerciale ? Quels produits ou services vais-je proposer et en quoi seront-ils différents ou uniques par rapport à la concurrence ?"
2. "Qui est mon marché cible ? Quels sont ses besoins et ses points critiques, et comment mes produits ou services y répondront-ils ?"
3. "Quelle est ma stratégie de marketing et de vente ? Comment vais-je atteindre et mobiliser mon public cible et quels canaux ou tactiques vais-je utiliser pour promouvoir mon entreprise ?"
4. "Comment vais-je structurer et organiser mon entreprise ? Quelle structure juridique vais-je utiliser et comment

vais-je gérer les finances et les opérations ?"
5. "Quels sont les prévisions et les objectifs financiers ? Quel est le montant des recettes que je compte générer au cours de la première année et comment vais-je investir dans la croissance et l'expansion au fil du temps ?"
6. "Quels sont les principaux risques et défis auxquels mon entreprise pourrait être confrontée, et comment vais-je les atténuer ou les traiter ?
7. "Qui sont les membres clés de mon équipe et quels sont leurs rôles et responsabilités ? Comment vais-je recruter et conserver des employés talentueux au fur et à mesure de la croissance de l'entreprise ?"
8. "Quels sont mes objectifs à court et à long terme pour l'entreprise et comment vais-je mesurer les progrès et les succès ?
9. "Comment vais-je maintenir ma compétitivité et m'adapter aux changements du marché ou de l'industrie au fil du temps ? Quelles stratégies vais-je utiliser pour innover et rester à la pointe du progrès ?"

10. "Comment vais-je financer l'entreprise et gérer la trésorerie ? Quelles sources de financement ou d'investissement vais-je utiliser et comment vais-je gérer les dépenses ?"

- ✓ **Rédiger des propositions pour les clients**

Promesses d'achèvement :

1. Rédigez une proposition pour mon **[client potentiel]** qui est confronté à **[points critiques]**. Voici les **services** que je propose : **[liste des services]**. La proposition doit avoir un style d'écriture **[décrire le ton]**.
2. Rédigez une proposition pour mon **[client]** potentiel qui est confronté à **[points critiques]**. Voici les **services** que je propose : **[liste des services]**. Voici ma proposition pour **[prix]** et **[délai]** de livraison. La proposition doit avoir un style d'écriture **[décrire le ton]**.
3. Je soumets un projet à **[insérer le nom de l'entreprise/organisation]** et je dois rédiger une proposition. Le projet porte

sur **[insérer la portée du projet]**. Quels sont les principaux résultats attendus et le calendrier du projet ? Comment vais-je m'assurer que le projet répond à leurs besoins ? Rédigez une proposition concise et convaincante.

Questions ouvertes :

1. "Comment **[les services]** peuvent-ils aider une entreprise cliente dans **[le secteur]** à atteindre ses objectifs ?"
2. "Comment une entreprise du secteur **[industriel]** peut-elle se démarquer de la concurrence ?
3. "Comment pouvons-nous aider un **[type d'entreprise]** à améliorer l'efficacité et la productivité d'une autre entreprise ?
4. "Quelles solutions un **[type d'entreprise]** peut-il apporter pour résoudre les problèmes ou les défis actuels du marché ?
5. "Comment un **[type d'entreprise]** peut-il aider un client à élargir sa clientèle et à atteindre de nouveaux marchés ?
6. "Quelles mesures un **[type d'entreprise]** peut-il prendre pour améliorer la satisfaction et la fidélité de ses clients ?

7. "Comment pouvons-nous maintenir nos **[types de services] à** la pointe des tendances et de l'innovation du secteur ?
8. "Comment le **[type d'industrie]** peut-il démontrer le retour sur investissement et l'impact potentiel de ses services sur les clients ?

✓ **Vision d'entreprise**

Promesses d'achèvement :

Élaborer une vision d'entreprise qui inclut

Introduction : "Notre vision est [insérer la **vision de votre entreprise, telle que "changer le monde", "révolutionner l'industrie" ou "transformer des vies"**]. Valeurs : nous croyons en **[insérer votre première valeur, telle que "innovation", "excellence" ou "intégrité"]**, [insérer votre **deuxième valeur]** et **[insérer votre troisième valeur]**. Ces valeurs guident nos actions et nos décisions dans le cadre de notre vision. Appel à l'action : Rejoignez-nous dans nos efforts pour [insérer la **vision** de votre entreprise dans l'action, par exemple "créer un avenir meilleur", "inspirer le changement" ou "faire la différence"]. Informations de contact : contactez-nous par [insérer votre **méthode de contact préférée, comme le téléphone, l'e-mail ou le chat]** à [insérer l'adresse e-mail ou le numéro de téléphone de votre équipe] si vous souhaitez en savoir plus. Clôture : Je vous prie d'agréer, Monsieur **[insérer votre nom]**, l'expression de mes salutations distinguées. Je présente un projet à [insérer le **nom de l'entreprise/organisation]** et je dois rédiger une proposition. Le projet porte sur **[insérer la portée du projet]**. Quels sont les principaux résultats et le calendrier du projet ? Comment vais-je m'assurer que le projet répond à leurs besoins ? Rédigez une proposition concise et convaincante.

Questions ouvertes :

1. "Il génère une vision d'entreprise qui résume l'objectif et l'orientation de ma société.
2. "Organiser une séance de remue-méninges pour trouver des idées sur la vision de mon entreprise.
3. "Quel est l'impact que je souhaite que mon entreprise ait sur le monde ?
4. "Quelles sont les valeurs que je souhaite voir incarner par mon entreprise ?
5. "Quel type de culture est-ce que je veux créer au sein de mon entreprise ?
6. "Quel type de clientèle est-ce que je veux attirer dans mon entreprise ?
7. "Quel genre d'héritage dois-je laisser à mon entreprise ?
8. "Affiner la vision de mon entreprise en incluant des éléments plus spécifiques liés aux objectifs, aux valeurs et au public de mon entreprise.
9. "Comparer les différentes versions de ma vision de l'entreprise pour voir laquelle résonne le plus.
10. Obtenir un retour d'information sur la vision de mon entreprise en l'introduisant dans le Chat GPT afin d'évaluer sa clarté, sa concision et son efficacité globale".

✓ **Générer des idées commerciales**

Promesses d'achèvement :

1. "Pouvez-vous nous suggérer des idées d'entreprises actuellement en demande ?
2. "Pouvez-vous suggérer des idées d'entreprises actuellement en demande dans le secteur ou le pays **[insérer le secteur ou le pays]** ?
3. "Je suis à la recherche d'idées d'entreprises qui nécessitent un investissement minimal. Que me suggérez-vous ?"
4. "Quelles sont les idées d'entreprises innovantes et uniques ?
5. "Je dirige ce type d'**entreprise [décrire l'entreprise]**. Quels nouveaux produits et services puis-je offrir à mes clients ?"
6. "Pouvez-vous nous recommander des idées d'entreprise pour une start-up aux ressources limitées ?
7. "Je suis intéressé par la création d'une entreprise dans le secteur **[insérer le secteur]**. Quelles idées avez-vous pour moi ?"
8. "Quelles sont les idées d'entreprises à fort potentiel de croissance ?

9. "J'aime **[insérer les passions et les intérêts]**. Quel genre d'activités pourrais-je créer ?"
10. "Je suis doué pour **[insérer les compétences et l'expérience]**. Quel type d'activités pourrais-je créer ?"
11. "Je suis à la recherche d'idées d'entreprises respectueuses de l'environnement. Pouvez-vous m'aider ?"
12. "Je suis à la recherche d'idées commerciales que je pourrais mettre en œuvre depuis mon domicile. Pouvez-vous m'aider ?"
13. "Pouvez-vous nous suggérer des idées d'entreprises pour une petite ville ou une zone rurale ?
14. "Je suis intéressé par la création d'une entreprise dans le secteur **[insérer le créneau]**. Quelles idées avez-vous pour moi ?"
15. "Pouvez-vous nous recommander des idées d'entreprises adaptées aux débutants ?
16. "Je souhaite créer une entreprise dans le secteur **[insérer le secteur]**, mais je ne sais pas par où commencer. Avez-vous des idées ?"

17. "Quelles sont les idées d'entreprise faciles à développer ?
18. "Pouvez-vous nous suggérer quelques idées commerciales populaires auprès de **[insérer le marché cible]** ?
19. "Je suis à la recherche d'idées d'entreprises ayant un impact social. Que suggérez-vous ?"

✓ **Présentations efficaces aux investisseurs potentiels**

Promesses d'achèvement :

Vous pouvez utiliser ChatGPT pour simuler des situations et affiner votre présentation.
Voici 10 exemples de la manière dont vous pouvez rédiger des scénarios et demander un retour sur votre présentation.

Scénarios à proposer :

1. Imaginez que vous présentiez à un investisseur une nouvelle application mobile qui aide les gens à surveiller leur consommation quotidienne d'eau.

Expliquez le problème que l'application résout et le public cible de l'application.
2. Vous présentez une nouvelle ligne de vêtements écologiques à un investisseur. Décrivez les caractéristiques uniques des vêtements et la manière dont ils sont bénéfiques pour l'environnement, et faites part de vos plans de marketing et de distribution.
3. Imaginez que vous présentiez à un investisseur une nouvelle plateforme logicielle qui automatise le processus de comptabilité fournisseurs pour les petites entreprises. Expliquez les points critiques que le logiciel résout et comment il permet aux chefs d'entreprise de gagner du temps et de l'argent.
4. Vous présentez à un investisseur un nouveau substitut de viande à base de plantes. Décrivez les avantages nutritionnels du produit et comparez-le à la viande traditionnelle en termes de goût et de texture, et faites part de vos plans de production et de distribution.
5. Imaginez que vous présentiez à un investisseur une nouvelle plateforme de télémédecine qui met en relation des

patients avec des prestataires de soins de santé par le biais d'un appel vidéo. Décrivez le problème que la plateforme résout et la manière dont elle profite aux patients et aux prestataires de soins, et faites part de vos projets de commercialisation et d'expansion de la plateforme.
6. Vous présentez à un investisseur un nouveau service qui aide les gens à trouver un logement abordable dans les villes où le coût de la vie est élevé. Expliquez le problème que le service résout et le public cible auquel il s'adresse, et faites part de vos projets en matière de revenus et de croissance.
7. Imaginez que vous présentiez à un investisseur une nouvelle plateforme de médias sociaux qui accorde la priorité à la protection de la vie privée des utilisateurs et à la sécurité des données. Décrivez les caractéristiques de la plateforme qui la différencient des autres plateformes de médias sociaux et faites part de vos projets d'acquisition d'utilisateurs et de monétisation.
8. Vous présentez à un investisseur une nouvelle plateforme de commerce

électronique qui met en relation des consommateurs avec des artisans et des artistes locaux. Expliquez le problème que la plateforme résout et comment elle profite à la fois aux consommateurs et aux artisans, et faites part de vos projets de marketing et d'expansion.

9. Imaginez que vous présentiez à un investisseur une nouvelle place de marché en ligne pour des biens de consommation durables et éthiques. Décrivez les caractéristiques uniques de la place de marché et la manière dont elle profite à la fois aux consommateurs et aux producteurs, et partagez vos plans de croissance et d'impact.

10. Vous présentez à un investisseur une nouvelle plateforme basée sur la blockchain qui aide les petites entreprises à accéder au financement d'un réseau mondial d'investisseurs. Expliquez le problème que la plateforme résout et comment elle profite aux petites entreprises et aux investisseurs, et partagez vos plans pour développer la plateforme.

✓ Recrutement et encadrement

Promesses d'achèvement :

1. Comment puis-je créer un message personnalisé pour un nouvel embauché dans [rôle] qui mette en valeur ses compétences uniques et ses contributions à l'équipe de [type d'entreprise], tout en lui permettant de se sentir valorisé et soutenu dans son nouveau rôle ?
2. Quel serait un bon message de bienvenue pour une nouvelle recrue au sein de l'équipe de [coordonnées de l'entreprise], lui donnant un bref aperçu de notre culture d'entreprise, de nos valeurs et de nos objectifs ?
3. Comment puis-je créer une expérience d'intégration agréable et engageante pour un nouvel employé dans [type d'entreprise], y compris des occasions de faire connaissance avec les collègues, de se familiariser avec notre culture d'entreprise et de comprendre leur rôle et leurs responsabilités dans [rôle] ?
4. Comment puis-je créer un message à l'intention d'un nouvel employé [rôle]

qui mette en évidence l'engagement de notre **[type de] société** en faveur de la diversité, de l'équité et de l'inclusion, afin qu'il se sente le bienvenu et valorisé en tant que membre de notre équipe ?

Questions ouvertes :

1. "Imaginez que vous recrutiez un nouveau représentant du service clientèle. Quelles sont les compétences et qualités clés que vous rechercheriez chez un candidat ? Quelles questions poseriez-vous pour évaluer sa capacité à traiter les demandes des clients et à résoudre les problèmes ?"
2. "Vous recrutez un nouveau développeur de logiciels. Quelles sont les compétences techniques et l'expérience qui sont importantes pour ce poste ? Quelles questions poseriez-vous pour évaluer ses compétences en matière de programmation et de dépannage ?"
3. "Imaginez que vous recrutiez un nouveau responsable marketing. Quelles sont l'expérience et les qualifications essentielles pour ce poste ? Quelles questions poseriez-vous pour évaluer sa

compréhension de votre marché cible et sa capacité à développer des stratégies marketing efficaces ?"
4. "Vous recrutez un nouveau représentant commercial. Quelles sont les caractéristiques et les qualités que vous recherchez chez un candidat à ce poste ? Quelles questions poseriez-vous pour évaluer ses capacités de communication et de persuasion, ainsi que sa capacité à atteindre les objectifs de vente ?"
5. "Imaginez que vous recrutiez un nouveau directeur des ressources humaines. Quelles sont l'expérience et les qualifications essentielles pour ce poste ? Quelles questions poseriez-vous pour évaluer sa compréhension des meilleures pratiques en matière de ressources humaines et sa capacité à gérer les relations avec les salariés ?"
6. "Vous recrutez un nouveau comptable. Quelles sont les compétences techniques et l'expérience importantes pour ce poste ? Quelles questions poseriez-vous pour évaluer sa connaissance des principes comptables et sa capacité à analyser les états financiers ?"

7. "Imaginez que vous recrutiez un nouveau graphiste. Quelle expérience et quelles qualifications sont essentielles pour ce poste ? Quelles questions poseriez-vous pour évaluer ses compétences créatives et sa capacité à travailler en collaboration avec les autres membres de l'équipe ?"
8. "Vous recrutez un nouveau chef de projet. Quels traits et qualités rechercheriez-vous chez un candidat à ce poste ? Quelles questions poseriez-vous pour évaluer ses compétences en matière de leadership et d'organisation, ainsi que sa capacité à gérer les délais et les budgets ?" "Imaginez que vous recrutiez un nouvel assistant administratif. Quelles sont les compétences et les qualités importantes pour ce poste ? Quelles questions poseriez-vous pour évaluer ses compétences organisationnelles et sa capacité à gérer des tâches multiples et des priorités ?"
9. "Vous recrutez un nouvel analyste de données. Quelles sont les compétences techniques et l'expérience importantes pour ce poste ? Quelles questions

poseriez-vous pour évaluer sa capacité à analyser et à interpréter les données, ainsi que son expérience des outils et techniques de visualisation des données ?"

✓ **Rédaction d'un rapport**

Promesses d'achèvement :

1. Résumez les cinq points principaux qui ressortent de ces notes de réunion : **[copier-coller des notes]**.
2. Résumez les décisions prises et les prochaines étapes décrites dans ces notes de réunion : **[copier-coller les notes]**.
3. Résumez les principaux points soulevés, les solutions proposées et les services responsables dans ces notes de réunion : **[copier-coller les notes]**.

Questions ouvertes :

1. "Pouvez-vous résumer les principaux points abordés lors de la réunion

d'aujourd'hui ? **[copier-coller la transcription de la réunion]**."
2. "Je vous serais reconnaissant de bien vouloir me fournir un bref résumé de la réunion qui vient de s'achever. **[copier-coller la transcription de la réunion]**."
3. "Pourriez-vous rédiger un résumé de la réunion que nous avons eue tout à l'heure ? Je veux m'assurer que je n'ai rien oublié d'important : **[copier-coller la transcription de la réunion]**".
4. "Veuillez résumer les points clés de cette réunion : **[copier-coller de la transcription de la réunion]**.
5. "Pourriez-vous préparer un résumé de la réunion que je puisse partager avec d'autres parties intéressées ? Voici la transcription des enregistrements : **[copier-coller la transcription de la réunion]**".
6. "Je dois envoyer un courriel de suivi à toutes les personnes qui ont participé à cette réunion. **[copier-coller de la transcription des enregistrements]**. Pouvez-vous rédiger un résumé que je pourrai inclure dans le courriel ?"

Site de commerce électronique

✓ Description des produits

Promesses d'achèvement :

1. Générer 5 descriptions de produits sur mon site web pour [produit], en soulignant les avantages et les caractéristiques clés des produits.
2. Rédiger une description de produit accrocheuse sur mon site web pour [produit] qui attirera l'attention des acheteurs potentiels en moins de 60 secondes.
3. Je prévois de créer une description de produit sur mon site web pour [produit], la solution parfaite pour [public cible]. Pouvez-vous concevoir une description efficace qui mette en évidence ses avantages et ses principales caractéristiques ?

Questions ouvertes :

1. "Quelles sont les informations les plus importantes à inclure lors de la création de descriptions de produits ?

2. "Comment puis-je créer des descriptions de produits qui plaisent à mes clients cibles ?
3. "Que recherchent les clients dans les descriptions de produits ?
4. "Pouvez-vous nous suggérer des façons de rédiger des descriptions de produits courtes et convaincantes ?
5. "Comment puis-je faire en sorte que mes descriptions de produits soient uniques et se distinguent de la concurrence ?
6. "Comment puis-je utiliser des images et des vidéos pour améliorer mes descriptions de produits ?
7. "Quel ton et quel langage dois-je utiliser dans les descriptions de produits ?
8. "Combien de détails dois-je fournir sur les spécifications et les caractéristiques des produits ?
9. "Comment puis-je améliorer continuellement mes descriptions de produits pour augmenter mes ventes ?
10. "Quels sont les moyens de rendre mes descriptions de produits optimales pour l'optimisation des moteurs de recherche ?

✓ Rédaction d'un article publicitaire

Promesses d'achèvement :

1. *Rédigez* un article de blog décrivant **[sujet]**. Mentionnez que le produit aide à **[bénéfice 1]**, [bénéfice 2], **[bénéfice 3]**. Concluez en disant **[appel à l'action]**. Incluez des statistiques, l'article doit ressembler à un article de journal.

2. Organisez une séance de remue-méninges pour trouver 10 titres possibles pour cet article. Faites-les dans le style de **[magazine ou auteur]** : **[copiez et collez le texte de l'article publicitaire]**.

Questions ouvertes :

1. "Pouvez-vous rédiger un article publicitaire pour mon nouveau **[produit]**, conçu pour aider **[public]** à atteindre **[résultat]** ?

2. "J'ai besoin d'un article publicitaire pour mon service **[offre]** qui fournit **[solution]** à **[niche]**. Pouvez-vous rédiger un texte qui aborde **[point sensible]** et met en évidence les avantages de l'utilisation de mon service ?"
3. "Je lance un nouveau **[type de produit]** qui aide **[public]**. Pouvez-vous rédiger un article publicitaire qui parle de **[point faible]** et met en avant les caractéristiques uniques du produit ?"
4. "Pouvez-vous écrire un article publicitaire pour mon cours **[offre]** qui enseigne **[sujet]** ? Le **public** cible est **[public]** intéressé par **[désir]**."
5. "J'ai besoin d'un article publicitaire pour mon **[type d'entreprise]** qui fournit **[produit]** à **[public]**. Pouvez-vous rédiger un texte qui aborde les **[points problématiques]** et souligne les avantages de l'utilisation de mon service ?"
6. "Je lance un nouveau **[produit]** qui aide **[public]**. Pouvez-vous rédiger un article publicitaire qui aborde **[le désir]** et souligne les avantages de l'utilisation de mon produit ?"

7. "Je lance un nouveau service **[remplir le blanc]** qui fournit [remplir le blanc] à **[remplir le blanc]**. Pouvez-vous rédiger un article publicitaire qui cible [remplir le blanc] et mette en avant les caractéristiques uniques de mon produit ?"

✓ **Optimisation du référencement**

Promesses d'achèvement :

1. Générer une liste de 10 idées de mots-clés sur **[sujet]**.

    Facultatif : ne suggérez que des mots clés à fort volume et à concurrence faible ou moyenne.
    Facultatif : regroupez cette liste de mots clés en fonction des étapes de l'entonnoir, qu'il s'agisse de mots clés situés en haut de l'entonnoir, au milieu de l'entonnoir ou en bas de l'entonnoir (sur la base des recherches précédentes).

2. Fournissez une liste des 10 blogs les mieux classés sur le mot-clé **[mot-clé]**. Mentionnez l'URL.

3. Suggérer des idées de sujets pour le blog sur **[sujet]** qui peuvent être classés sur Google.

4. Rédigez un plan détaillé de l'article de blog sur **[sujet]** avec des titres de deuxième et troisième niveau, des sous-titres et des listes à puces.

5. Fournir une liste de sujets liés au **[sujet]**.

6. Quels sont les trois publics cibles les plus intéressés par **[sujet]** à cibler sur Google ?

7. Fournissez 10 mots-clés de longue traîne liés au **[sujet]**. Associez chaque mot-clé à l'un des quatre types d'intention de recherche.

8. Aidez-moi à créer un schéma de notation pour les étapes suivantes sur **[sujet]**. Définissez votre public cible, choisissez un sujet, recherchez des mots-clés.

9. Aidez-moi à rédiger un balisage de données structurées pour **[URL]**.

10. Ecrivez le code HTML pour marquer une page FAQ pour la question et la réponse suivantes : **[question] [réponse]**.

11. Rédigez des URL conviviales pour ce mot-clé sur le domaine <domaine> pour les mots-clés suivants - **[mots-clés]**.

12. J'énumère le public cible avec des détails personnels pour le mot-clé **[mot-clé]**.

✓ **Création de témoignages de clients**

Promesses d'achèvement :

1. Rédigez cinq témoignages authentiques sur **[produit]** pour **[public]**.

2. Rédigez 5 témoignages pour **[produit] de** manière familière.

3. Rédigez 5 témoignages pour **[produit]** écrits par **[client idéal]**.

4. Rédigez 10 témoignages pour **[produit]** qui répondent aux objections suivantes : **[Objection 1] [Objection 2] [Objection 3]**.

5. Rédigez 10 témoignages pour **[produit]** qui répondent aux objections suivantes : **[Objection 1] [Objection 2] [Objection 3]** Assurez-vous qu'ils sont authentiques et qu'ils utilisent les mots que **[client idéal]** utiliserait.

✓ **Traduction du site web dans différentes langues**

Promesses d'achèvement :

1. Traduire ce texte en **[langue]** : **[Copier et coller le texte]**.
2. Quelles sont les autres façons de formuler le texte suivant en **[langue]** ?

[Copier et coller le texte].

Questions ouvertes :

1. "Pouvez-vous traduire ce texte pour moi ?
2. "J'ai besoin d'aide pour traduire ce document, pouvez-vous m'aider ?
3. "Le Chat GPT peut-il me fournir une traduction de ce texte ?
4. "Je ne comprends pas ce texte, pouvez-vous le traduire pour moi ?
5. "Pouvez-vous m'aider à convertir ce texte dans une autre langue ?
6. "Est-il possible pour le Chat GPT de traduire cette pièce dans une autre langue ?
7. "Pouvez-vous nous aider à traduire ce paragraphe ?"
8. "Le Chat GPT peut-il m'aider à comprendre ce texte en le traduisant pour moi ?
9. "J'ai besoin d'une traduction de ce document, pouvez-vous m'aider ?
10. "Pouvez-vous traduire ce texte en [langue cible] ?"

✓ **Conception des CTA**

Promesses d'achèvement :

Suggérez 5 actions différentes pour ce texte : [copier et coller le texte].

1. Suggérer le meilleur appel à l'action pour une page [accueil/produits/informations] d'une entreprise de type **[type d'entreprise]**.
2. Proposez 5 façons d'encourager les gens à [action à entreprendre] de manière plus persuasive.

Questions ouvertes :

1. "Pouvez-vous m'aider à trouver un appel à l'action fort pour ma page d'atterrissage qui encourage les visiteurs à s'inscrire à ma lettre d'information ?
2. "J'ai besoin d'un appel à l'action convaincant pour mon message sur les médias sociaux faisant la promotion de

mon nouveau produit. Pouvez-vous m'aider ?"
3. "Pouvez-vous me suggérer un appel à l'action puissant pour ma campagne de marketing par courriel qui incitera les abonnés à acheter mon nouveau cours ?
4. "Je mène une campagne publicitaire sur Facebook pour mes services de coaching. Pouvez-vous concevoir un appel à l'action persuasif qui incitera les gens à réserver un appel de découverte avec moi ?"
5. "Pouvez-vous créer un appel à l'action fort pour mon site web qui encourage les visiteurs à télécharger mon livre électronique gratuit ?
6. "J'ai besoin d'un appel à l'action clair et efficace pour ma vidéo YouTube qui encourage les spectateurs à s'abonner à ma chaîne.
7. "Pouvez-vous m'aider à rédiger un appel à l'action convaincant pour la page d'inscription à mon webinaire, qui incitera les gens à s'inscrire ?
8. "Je lance un nouveau podcast et j'ai besoin d'un appel à l'action accrocheur pour mon introduction qui incitera les auditeurs à écouter les prochains épisodes".

9. "Pouvez-vous me suggérer un appel à l'action persuasif pour ma page de vente qui incitera les visiteurs à acheter mon cours en ligne ?
10. "J'ai besoin d'un appel à l'action fort pour mon pop-up de sortie qui encourage les visiteurs du site web à s'inscrire à ma liste d'emails avant de partir. Pouvez-vous m'aider ?"

Marketing et affiliations

✓ Examen des produits affiliés

Promesses d'achèvement :

1. Rédigez un commentaire sur la façon dont **[produit]** se compare aux autres produits de sa catégorie en termes de prix, de caractéristiques et de qualité.

2. Rédigez un bref commentaire sur **[produit] par** un **[client idéal]** qui vient de l'acheter et qui est enthousiasmé par les résultats. Indiquez les points forts et les points faibles éventuels du **[produit]** et expliquez pourquoi.

3. Rédigez un commentaire sur la base de ces informations.

4. Rédigez un bref commentaire sur **[produit],** rédigé par un client qui le recommande à un ami lors d'une conversation sur WhatsApp. Mentionnez **[avantage 1]**, [avantage **2]** et **[avantage 3]**. Utilisez un langage conversationnel et informel.

✓ **Création de tableaux comparatifs de produits affiliés**

Promesses d'achèvement :

1. Rédigez un commentaire sur la façon dont **[produit] se compare aux** autres produits de sa catégorie en termes de qualité, de fonctionnalités et de prix.

2. Quels sont les 10 avantages du **[produit 1]** par rapport au **[produit 2]** ?

3. Veuillez fournir une évaluation complète du **[produit]**, y compris ses caractéristiques, ses performances et son rapport qualité-prix.

4. Donnez-moi dix raisons pour lesquelles **[client idéal]** devrait acheter **[produit 1]** plutôt que **[produit 2]**.

✓ **Générer des recommandations de produits d'affiliation**

Promesses d'achèvement :

1. Rédigez le script d'une vidéo YouTube expliquant comment **[produit]** m'a permis d'obtenir **[avantage]**.

2. Rédigez un article de blog sur la façon dont **[produit]** m'a aidé à **[bénéfice]**. Mentionnez quelques statistiques.

3. Rédigez un article sur **[plateforme]** pour expliquer comment **[produit]** m'a aidé à **[bénéfice]**. Mentionnez les statistiques et ce témoignage : **[inclure le témoignage]**.

✓ **Rédiger des descriptions de produits d'affiliation**

Promesses d'achèvement :

1. Rédigez une description accrocheuse de **[produit]** pour **[public]**. Rédigez une description accrocheuse de **[produit]** pour **[public]**. Mentionnez les avantages suivants :
[Avantage 1] **[Avantage 2]**
[Avantage 3].

2. Rédigez une description de produit pour un **[produit]** qui mette l'accent sur ses arguments de vente uniques et le différencie des autres produits sur le marché.

3. Rédigez une description courte et accrocheuse d'un **[produit]** qui attirera l'attention de **[clients idéaux]** dans les trois premières lignes.

4. Rédigez des descriptions attrayantes pour **[le produit]** qui inciteront **[les clients idéaux]** à faire un achat. Mettez en évidence les caractéristiques et les avantages clés suivants : **[Avantage 1] [Avantage 2] [Avantage 3]**.

Questions ouvertes :

1. "Pouvez-vous m'aider à rédiger des descriptions de produits pour mon site de marketing d'affiliation, en mettant l'accent sur **[caractéristique]** ?
2. "Pourriez-vous rédiger des descriptions de produits qui mettent en évidence les avantages de **[produit]** pour **[public]** ?
3. "J'ai des difficultés à créer des descriptions de produits qui mettent réellement en évidence les avantages de **[produit]**. Pouvez-vous m'aider ?"
4. "Veuillez m'aider à créer des descriptions de produits attrayantes qui mettent en valeur les caractéristiques uniques de **[produit]**.
5. "Pouvez-vous rédiger des descriptions de produits qui mettent l'accent sur **[le**

produit] et sur la manière dont il constitue un outil essentiel pour **[des publics spécifiques]** ?"
6. "Je dois créer des descriptions de produits qui permettent à **[produit] de** se démarquer de la concurrence. Pouvez-vous m'aider ?"
7. "Veuillez rédiger des descriptions de produits qui expliquent clairement les avantages de l'utilisation de **[produit]** et pourquoi l'investissement en vaut la peine.
8. "Pouvez-vous rédiger des descriptions de produits qui mettent en évidence la polyvalence de **[produit]** et la façon dont il peut être utilisé dans différentes situations ?
9. Je souhaite créer des descriptions de produits qui s'adressent à **[des publics spécifiques]** et qui mettent en évidence la manière dont **[le produit]** peut leur faciliter la vie. Pouvez-vous m'aider ?"

✓ **Rédaction d'e-mails pour promouvoir des produits d'affiliation**

Promesses d'achèvement :

1. Créez une séquence de trois courriels faisant la promotion de **[produit]** auprès de **[public]**. Mentionnez que le produit a été créé par quelqu'un en qui vous avez confiance et que vous touchez une petite commission d'affiliation si le lecteur achète.

2. Rédigez un courriel pour promouvoir un **[produit]** auprès de **[public]**. Décrivez le produit en détail et mentionnez les principaux avantages : **[Avantage 1] [Avantage 2] [Avantage 3]** Précisez qu'il s'agit d'un produit d'affiliation et remerciez-nous pour notre soutien.

3. Je suis affilié à **[produit]**, qui aide **[public]** à atteindre **[résultat souhaité]**. Rédigez un e-mail de vente invitant le lecteur à acheter ce produit en

bénéficiant d'une remise s'il l'achète à partir de mon lien d'affiliation.

Questions ouvertes :

1. "Pouvez-vous m'aider à rédiger une ligne d'objet convaincante qui incite le destinataire à ouvrir mon e-mail de vente ?
2. "Comment créer une phrase d'introduction accrocheuse qui capte l'intérêt du lecteur ?
3. "Quels sont les moyens d'établir la crédibilité et la confiance du lecteur dans un e-mail de vente ?
4. "Pouvez-vous nous suggérer des techniques pour créer un sentiment d'urgence ou de rareté dans un e-mail de vente ?
5. "Comment puis-je utiliser la narration pour créer un lien émotionnel avec le lecteur et le persuader d'agir ?
6. "Quels sont les moyens efficaces de mettre en évidence les avantages et la valeur unique de mon produit ou de mon service dans un message de vente ?

7. "Pouvez-vous m'aider à créer un appel à l'action clair et convaincant qui encourage le lecteur à passer à l'étape suivante ?
8. "Quels sont les moyens de personnaliser un e-mail de vente et de le rendre plus pertinent par rapport aux besoins et aux intérêts du destinataire ?
9. "Comment puis-je utiliser des preuves sociales ou des témoignages dans un e-mail de vente pour renforcer la crédibilité et la confiance du lecteur ?
10. "Pouvez-vous suggérer des moyens de suivre le lecteur et de rester en contact avec lui après l'envoi d'un courriel de vente, sans être trop pressant ou agressif ?

Marketing sur Facebook

✓ **Créer des textes publicitaires efficaces**

Promesses d'achèvement :

1. Rédigez-moi 3 copies de publicités Facebook basées sur cette page d'atterrissage : **[Copiez et collez le texte de la page d'atterrissage]**.
2. Pouvez-vous donner des exemples de textes publicitaires efficaces pour promouvoir **[produit]** auprès de **[public]** ? Veillez à ce qu'ils soient **[persuasifs/enjoués/émotionnels]** et qu'ils mentionnent les avantages suivants : **[Avantage 1] [Avantage 2] [Avantage 3]** Concluez par un appel à l'action qui dit **[CTA]**. Ajoutez-y 3 emoji.
3. Générer 20 titres convaincants pour une publicité Facebook promouvant **[produit]** auprès de **[public]**.
4. Je suis en train de créer une campagne publicitaire pour **[produit/service]** et j'ai besoin d'aide pour rédiger des textes qui attireront l'attention des clients

potentiels. Pouvez-vous m'aider à créer des titres et des textes qui les persuaderont de faire un achat ?
5. Quelles sont les 20 audiences possibles sur Facebook qui pourraient être intéressées par **[produit]** ?

✓ **Génération d'idées pour un contenu créatif**

Promesses d'achèvement :

Invitation 1 : Quels types d'images permettraient de promouvoir **[produit]** ?

Invitation 2 : Dressez la liste des adjectifs de **[l'image ou la scène choisie]**.

Invitation 3 : Décrivez **[l'image ou la scène choisie]** en détail.

Entrez toutes ces informations dans un générateur d'art basé sur l'intelligence artificielle, tel que Dall-E ou Midjourney.

Questions ouvertes :

1. "Pouvez-vous me suggérer des images uniques et accrocheuses susceptibles d'attirer l'attention de mon public cible ?
2. "Quels sont les moyens créatifs de représenter visuellement les avantages de mon produit/service dans une publicité ?
3. "Comment puis-je utiliser des images pour transmettre une émotion ou un sentiment spécifique qui trouve un écho auprès de mon public cible ?
4. "Pouvez-vous m'aider à concevoir un concept visuel qui corresponde aux valeurs et au message de ma marque ?
5. "Quelles techniques de narration visuelle puis-je utiliser pour rendre ma publicité plus attrayante et plus mémorable ?
6. "Pouvez-vous me suggérer des styles graphiques à la mode qui pourraient convenir à ma publicité ?
7. "Comment puis-je utiliser la psychologie des couleurs pour créer une publicité qui trouve un écho auprès de mon public cible et génère des conversions ?
8. "Pouvez-vous m'aider à créer une narration visuelle qui raconte une

histoire et établit un lien plus profond avec mon public cible ?
9. "Comment puis-je intégrer du contenu généré par les utilisateurs ou de la preuve sociale dans mes images publicitaires afin d'accroître ma crédibilité ?"
10. "Quel type de métaphores ou de symboles visuels pourrais-je utiliser pour créer une publicité puissante et mémorable ?

✓ **Rédiger des titres pour les publicités** Facebook

Promesses d'achèvement :

1. Rédigez 3 publicités Facebook d'un maximum de 40 caractères basées sur ce texte publicitaire : **[Copiez et collez la page d'atterrissage ou le texte publicitaire]**.
2. Donnez-moi trois exemples de titres qui attirent l'attention pour **[type de produit]**.

3. Quels sont les exemples de titres qui transmettent efficacement l'idée principale du **[sujet]** ?
4. Donnez-moi des exemples de titres accrocheurs pour un **[sujet ou produit]** qui pousseront les gens à **[action souhaitée]**. Faites-les à la manière de BuzzFeed.

Questions ouvertes :

1. "Pouvez-vous créer des titres accrocheurs pour mes publicités sur Facebook afin de promouvoir mon nouveau **[insérer le produit/service]** qui **[insérer l'avantage]** ?"
2. "J'ai besoin de titres accrocheurs pour mes publicités Facebook afin de promouvoir mon **[insérer le service]** qui aide **[insérer le public cible]**. Pouvez-vous m'aider ?"
3. "Pouvez-vous trouver des titres convaincants pour mes publicités Facebook qui font la promotion de mon **[insérer le produit/service]** qui est **[insérer l'argument de vente unique]** ?"

4. "Je lance une nouvelle gamme de **[insérer le produit]** et j'ai besoin de titres accrocheurs pour mes publicités Facebook destinées à **[insérer le public cible]**. Pouvez-vous les rédiger pour moi ?"
5. "Pouvez-vous m'aider à rédiger des titres accrocheurs pour mes publicités Facebook faisant la promotion de mon **[insérer le produit]** qui utilise **[insérer l'ingrédient naturel/bio]** ?"
6. "J'ai besoin de titres pour mes publicités Facebook qui font la promotion de [insérer le **type de forfait de voyage]** de mon agence de voyage qui offre **[insérer une expérience unique]**. Pouvez-vous m'aider ?"
7. "Pouvez-vous rédiger des titres accrocheurs pour mes publicités Facebook faisant la promotion de mon **[insérer le produit/service de santé mentale]** qui aide [insérer le **public cible]** à gérer **[insérer le problème de santé mentale]** ?"
8. "Je diffuse des publicités sur Facebook pour mon **[insérer le type de livre]** et j'ai besoin de titres attrayants pour attirer [insérer le **public cible]** qui veut

[insérer le lead]. Pouvez-vous m'aider ?"
9. "Pouvez-vous créer des titres persuasifs pour mes publicités Facebook qui font la promotion de mon [insérer le produit] qui [insérer l'argument de vente unique] et qui aident [insérer l'avantage] ?"
10. "J'ai besoin de titres pour mes publicités Facebook promouvant la catégorie de produits de ma boutique en ligne, qui offre [insérer un argument de vente unique]. Pouvez-vous les rédiger pour moi ?"

- ✓ **Scripts pour les vidéos Facebook**

Invitations à compléter :

Pouvez-vous écrire un [type de texte] sur le thème de [sujet] [détails supplémentaires] ?

1. Pouvez-vous écrire un script vidéo pour une publicité Facebook très engageante sur **[sujet]** ?
2. Rédigez le plan d'un scénario pour une vidéo de 2 minutes destinée à vendre **[produit]** à **[public]**, en mentionnant les avantages suivants :
[Avantage 1]
[Avantage 2]
[Avantage 3].

Questions ouvertes :

1. "Pouvez-vous écrire le script d'une vidéo publicitaire sur Facebook pour promouvoir notre nouveau produit ?
2. "J'ai besoin d'un script pour une vidéo publicitaire sur Facebook montrant les avantages de notre service. Pouvez-vous m'aider ?"
3. "Notre vidéo publicitaire sur Facebook a besoin d'un script qui attire l'attention des gens et les incite à agir. Pouvez-vous l'écrire ?"
4. "Pouvez-vous créer un script pour une publicité vidéo sur Facebook qui mette en évidence les caractéristiques uniques

de notre produit et explique pourquoi il est meilleur que celui de la concurrence ?

5. "Je suis à la recherche d'un script pour une publicité vidéo sur Facebook qui raconte une histoire et crée un lien émotionnel avec notre public. Pouvez-vous m'aider ?"

6. "Nous voulons que nos publicités vidéo sur Facebook soient drôles et mémorables. Pouvez-vous écrire un scénario qui fasse rire et se souvenir de notre marque ?"

7. "Notre vidéo publicitaire sur Facebook a besoin d'un appel à l'action fort. Pouvez-vous écrire un script qui encourage les gens à cliquer, à s'inscrire ou à acheter ?"

8. "Pouvez-vous rédiger un script pour une vidéo publicitaire sur Facebook qui s'adresse directement à notre public cible et qui répond à ses problèmes et à ses désirs ?

9. "Nous lançons une nouvelle campagne et avons besoin d'un script pour une publicité vidéo sur Facebook qui excitera et intriguera les gens. Pouvez-vous nous aider ?"

10. "Nos publicités vidéo sur Facebook doivent sortir du lot. Pouvez-vous créer un script qui attire l'attention des gens et leur donne envie d'en savoir plus ?"

✓ **Créer des images** accrocheuses

Promesses d'achèvement :

1. Décrivez une image représentant **[produit/service]** dans un style **[luxe/aventure/moderne, etc**. Comment pouvez-vous utiliser la typographie, la couleur et d'autres éléments de conception pour obtenir cette apparence et cette sensation ?

2. Sur Chat GPT : Décrivez en détail **[image]**. Utilisez autant d'adjectifs et de descriptions que possible. Ensuite, entrez ces descripteurs dans un autre générateur d'art IA tel que DALL-E2 ou Midjourney.

3. Pensez à trois images qui pourraient représenter **[produit]** d'une manière

amusante et mémorable. Les images doivent attirer l'attention des clients potentiels.

4. Invitation 1 : Quels types d'images représenteraient le mieux **[sujet]** ?
   Question 2 : Énumérez les adjectifs qui caractérisent **[l'image ou la scène choisie]**.
   Invitation 3 : Décrivez en détail **[l'image ou la scène choisie]**.
   Saisissez toutes ces informations dans un générateur d'art IA tel que Dall-E ou Midjourney.

   ✓ **Test A/B pour la conversion**

Promesses d'achèvement :

Réécrivez le texte suivant de manière plus convaincante et plus facile à lire : **[Copiez et collez le texte de contrôle]**.

1. Ajoutez les éléments suivants à ce texte publicitaire Facebook :
   Première ligne : Avez-vous des problèmes avec **[problème]** ?

Témoignage :
[Témoignage 1]
[Appel à l'action : Il ne reste que 3 modèles, achetez maintenant ! **[Copiez et collez le texte de contrôle]**.
2. Réécrivez 3 versions de ce texte, en y ajoutant plus d'humour et en établissant un lien plus profond avec le lecteur : **[Copiez et collez le texte de contrôle]**.
3. J'essaie de rendre mon texte publicitaire pour **[offre]** plus intéressant. Pouvez-vous m'aider à trouver un titre accrocheur et un argument de vente unique qui retiendra l'attention des gens ?

✓ **Recherche des forces et des faiblesses de votre client idéal**

Promesses d'achèvement :

1. Rédigez un journal émotionnel de 500 mots du point de vue du **[client idéal]** qui est aux prises avec **[points critiques]**. Il ressent **[émotions]** et désire **[résultats souhaités]**.

2. Décrivez les frustrations potentielles d'une personne qui **désire [désir]** mais ne peut le réaliser à cause de **[obstacles]**.
3. Quels sont les désirs et les frustrations les plus courants du **[client idéal]** ?
4. Dressez une liste de 20 groupes de personnes sur Facebook susceptibles d'être intéressées par **[le produit ou la solution]**.

Questions ouvertes :

1. "Pouvez-vous m'aider à rechercher mon client idéal et me donner un aperçu de ses caractéristiques démographiques et psychographiques ?"
2. "Je souhaite mieux connaître mon public cible. Pouvez-vous recueillir des informations sur leurs intérêts et leur comportement ?"
3. "Pouvez-vous me fournir des données sur les points critiques et les défis de mon client idéal ?"
4. "J'aimerais mieux comprendre les besoins et les préférences de mon public cible. Pouvez-vous effectuer des recherches et me fournir des informations ?"

5. "Pouvez-vous m'aider à identifier les mots-clés et les expressions que mon client idéal recherche en ligne ?
6. "J'ai besoin d'en savoir plus sur les habitudes d'achat de mon public cible. Pouvez-vous collecter des données sur leur comportement d'achat ?"
7. "Pouvez-vous me fournir des informations sur les médias sociaux sur lesquels mon client idéal est le plus actif ?"
8. "Je souhaite en savoir plus sur les valeurs et les convictions de mon client idéal. Pouvez-vous m'aider à faire cette recherche ?"
9. "Pouvez-vous collecter des données sur le contenu et les préférences médiatiques de mon public cible ?
10. "Je cherche à comprendre les défis auxquels mon client idéal est confronté dans sa vie quotidienne. Pouvez-vous m'aider à faire cette recherche ?"

- ✓ **Brainstorming pour de nouvelles approches créatives**

Promesses d'achèvement :

1. Rédigez-moi 3 approches publicitaires basées sur ce texte de **la page de destination : [Copiez et collez le texte de la page de destination]**.

2. Quelles sont les 10 approches pour vendre un **[produit]** au **[client idéal]** ?

3. Listez 10 arguments de vente clés pour **[produit]** pour **[niche]**.

4. Dressez une liste de 10 raisons pour lesquelles **[le client idéal]** pourrait vouloir acheter **[le produit]**.

CONCLUSIONS

Tout au long de ce livre, nous avons exploré en détail le potentiel révolutionnaire de ChatGPT et la façon dont vous pouvez l'utiliser pour améliorer vos activités de marketing. Nous avons discuté de ses caractéristiques, de ses avantages et des stratégies à mettre en œuvre pour le maîtriser.

Nous avons discuté de ses caractéristiques, de ses avantages et des stratégies pour le maîtriser. La création de cette liste d'invites a été un processus long et difficile. Nous avons effectué des recherches approfondies, testé de nombreuses entrées et analysé les réponses générées par ChatGPT. L'utilisation de ces invites vous permettra d'obtenir des réponses détaillées et pertinentes de ChatGPT, vous aidant ainsi à développer des stratégies de marketing efficaces et à prendre des décisions éclairées. Exploitez la puissance de ChatGPT pour générer des idées innovantes, obtenir de nouvelles perspectives et relever les défis de votre secteur d'activité de manière intelligente.

N'oubliez pas que l'utilisation de ChatGPT présente de nombreux avantages. Gagnez un temps précieux dans la recherche et le traitement des informations, accédez à une large base de connaissances et obtenez des solutions personnalisées pour vos besoins spécifiques. Profitez de son intelligence artificielle pour surpasser vos concurrents, créer un contenu attrayant et améliorer l'efficacité de vos campagnes de marketing.

Enfin, nous vous demandons de bien vouloir partager votre expérience positive avec ce livre et avec l'utilisation de ChatGPT. Si vous avez trouvé ce manuel utile et si vous avez obtenu des résultats significatifs, n'hésitez pas à laisser un commentaire positif de 5 étoiles.

BONUS SPÉCIAL

Cette invite vous permet de créer n'importe quelle invite pour n'importe quel besoin.
La structure est la suivante :

"""Je veux que vous deveniez mon créateur d'invite. Votre objectif est de m'aider à créer la meilleure invite possible pour mes besoins.

Les messages-guides seront utilisés par vous, ChatGPT.

Vous suivrez le processus suivant.

1. Votre première réponse sera de me demander quel devrait être le sujet de l'invite. Je vous donnerai ma réponse, mais nous devrons l'améliorer par le biais d'itérations continues en suivant les étapes suivantes.
2. Sur la base de ma réponse, vous créerez trois sections.

A.) Révision de l'invitation (fournissez votre invitation réécrite. Elle doit être claire, concise et facile à comprendre.

B.) Suggestions (donnez des suggestions sur les détails à inclure dans le message pour l'améliorer).
C. Questions (posez toutes les questions pertinentes concernant les informations supplémentaires à fournir pour améliorer l'invite).

3. Nous poursuivrons ce processus itératif : je fournirai des informations supplémentaires et j'actualiserai l'invite dans la section des invites révisées jusqu'à ce qu'elle soit complète.""

Voici un exemple de base, mais il est évident que la commande peut être adaptée à n'importe quelle situation :

Invitation de base:

I want you to become my prompt creator. Your goal is to help me create the best possible prompt for my needs.

The prompts will be used by you, ChatGPT.

You will follow the following process.

1. Your first response will be to ask me what the prompt should be about. I will give you my answer, but we will have to improve it through continuous iterations following the next steps.
2. Based on my prompt, you will generate 3 sections.

A.) Revision of the prompt (provide your rewritten prompt. It should be clear, concise and easy for you to understand.
B.) Suggestions (provide suggestions on what details to include in the prompt to improve it).
C. Questions (ask any relevant questions regarding additional information to be provided to improve the prompt).

3. We will continue this iterative process with me providing additional information and updating the prompt in the revised prompt section until it is complete

Imput humain : Ici, vous pouvez entrer n'importe quelle demande.

Sure, I'd be happy to help you create the best possible prompt! Let's get started.

1. What would you like the prompt to be about?

D (ads for facebook: padel dress)

Prima Interazione e richieste da parte di CHatGPT:

 A.) Revised prompt: Create engaging and persuasive Facebook ads for a new line of padel dresses.

B.) Suggestions:

* Include the target audience: Who are the ideal customers for these padel dresses? (e.g., women, athletes, specific age group)
* Highlight unique selling points: What makes these padel dresses special? Are they made with premium materials, designed for enhanced performance, or incorporating innovative features?
* Emphasize the benefits: How will wearing these padel dresses enhance the player's performance, comfort, or style?
* Consider the brand image: Is there a specific brand associated with these padel dresses? If yes, what are the brand values or personality traits that should be reflected in the ads?

C.) Questions:

1. Who is the target audience for these padel dresses? Are they designed for women only or do they cater to a specific age group or skill level?
2. What are the unique features or selling points of these padel dresses that differentiate them from competitors?
3. Could you provide more details about the brand associated with these padel dresses? What are the brand values or personality traits that should be conveyed in the ads?

Please provide the additional information, and I'll revise the prompt accordingly.

Après avoir répondu aux questions, ChatGPT génère l'invite:

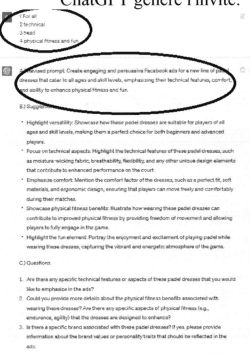

À ce stade, vous pouvez soit poursuivre l'expansion des demandes sur l'invite, soit la copier et la coller dans un nouveau chat ChatGPT et attendre le résultat :

Utilisation de l'invite:

Encore une fois, je vous rappelle qu'une fois comprise, cette commande peut générer une multitude d'invites incroyablement puissantes.

DERNIERS CONSEILS

Merci d'avoir choisi notre livre "Ask ChatGpt Anything You Want : The Complete Guide to Success in Online Business". Nous espérons sincèrement que vous avez trouvé ce livre intéressant et instructif.

Si vous avez aimé utiliser ChatGPT et trouvé ce manuel utile, nous vous invitons cordialement à partager votre expérience positive par le biais d'une évaluation 5 étoiles.

Nos efforts pour écrire ce livre ont été soutenus par des mois d'efforts et de dévouement, et vos mots d'appréciation seraient très gratifiants pour nous.
Nous aimerions également vous informer que nous avons publié

deux autres livres qui, nous en sommes sûrs, vous intéresseront :

1. Écrire avec ChatGPT : le guide ultime pour créer tous les contenus que vous voulez.
Ce livre vous fournira des outils et des stratégies pour maximiser la puissance de ChatGPT dans la création de contenu engageant et de qualité.

2. Marketing avec ChatGPT : le guide ultime pour créer et optimiser chaque activité que vous faites en ligne.
Ce manuel approfondira le sujet du marketing avec ChatGPT, en vous offrant des méthodes détaillées pour maximiser les résultats de vos activités en ligne.

En achetant la trilogie, vous obtiendrez une encyclopédie complète de commandes, de stratégies et de conseils pour tirer le meilleur parti du potentiel de ChatGPT.

Pour vous tenir au courant de nos futures publications ou pour obtenir de plus amples informations, veuillez nous contacter à l'adresse suivante :

aistudioscreator@gmail.com

Merci encore d'avoir choisi notre livre et de nous avoir soutenus. Nous espérons que vous continuerez à utiliser ChatGPT pour obtenir d'excellents résultats dans votre commerce en ligne et votre écriture.

Printed in Poland
by Amazon Fulfillment
Poland Sp. z o.o., Wrocław
24 June 2024

307a7832-dd06-4c44-b084-6b64956b3151R01